神社通《がよ》いで うつが 治っちゃった!!

いちはママ

ハート出版

旦那《だんな》がうつになりました。
子供がまだ小さいのに
働けなくなったら死活問題。
そんなとき…
神様に助けてもらった
わが家のうつ治療をマンガにしました。

実話です。

人物紹介

ID:HEART00810

パパ

男 / 女

- 勤続年数 20 年
- 寡黙で真面目なサラリーマン
- マンガとゲームが大好き
- 人づきあいが苦手、いつも 1 人でいたい
- お酒が飲めない、タバコも吸わない
- 仕事の成果が自分のプライド
- めったに自分の意見を言わない
- ひたすら温厚、なんでも相手に合わせるタイプ
- 神様なんて信じない、無神論者
- スピリチュアルなんて大嫌い

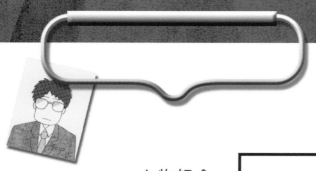

ママ
フルタイムで働く40代主婦
たまに幽霊が見える程度の
霊感の持ち主

いろは

4歳（保育園 年少）

不思議な力を秘めた
女の子

まえがき

旦那がうつ病になりました。

うつの治し方なんてどうしたらよいかわからず、ネットで情報を調べたり、いろんな本を読んだりしてみましたが、出てきた対処法は、サラリーマンを辞めて農村暮らしをするようになったらよくなったとか、思いきって長期休暇をとって旅行を楽しんだらよくなったとか、ひたすら休みましょうといった、そんな体験談ばかりでした。

冗談じゃないです!

ひたすら休みましょうだなんて、裕福な上流階級の人や、養う家族がいない人だからできる対処法でしょ。わが家のような中流階級で、しかも子育て世代は、旦那に仕事を休まれたら死活問題です。

私もフルタイムで働いているけれど、女の収入なんて同年代の男性に比べたら格段の差があって低所得ですよ。子供はまだ保育園。これから学費もかかるというのに女1人の収入で子供と旦那を支えて生活していくのは至難の業《わざ》です。

家族3人、路頭に迷うことになりかねません。

この際、出世なんてどうでもいいから、なんとか旦那に会社を辞めず、現状維持で働き続けてもらいたい。

神様たすけて〜！
私たち家族のうつ治療が始まりました。

※この話はいろはママの個人の体験です。
うつ病の治療には医師の診察が必要であり、スピリチュアルでの治療を推奨するものではありません。

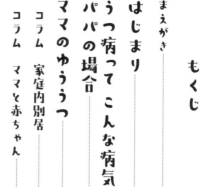

もくじ

このお話は前作『うちのスピ娘のパワーがちょっとすごくって…』の裏エピソードです
大好評!
前作では娘のいろはが6歳の時に不思議な力をもっていることが発現した実話を描かせていただきましたが…
今作は特にご要望の多かった「うつ病のパパが気になる」「どうやってうつ病を治したの?」という声にお応えしました!!
みなさんおまたせしました!! 今回はパパが主役のお話です

はじまり

パパは とても寡黙で
穏やかな人で
パパが怒ったり 声を荒げた
ことなんて 結婚してから
一度も見たことがなくて
家族の生活で困ったことといえば
ありあまる体力の娘の育児と
はぁ～～～
プリキュア
ソード
ハリケーン！
ママの霊感体質くらいで
いやぁ～
おいっ！
大丈夫か!?
私たち
家族３人は
それはそれは
穏やかに暮らしていました

娘のいろはが4歳の秋
パパが会社で部署を異動しました
辞令が出た
異動だ
おっかえりー
パパの会社は異動によって
マルチに対応できる社員を
育てる方針なので
やったね♪頑張って!!
この異動で成功を収めれば
出世間違いなしの花形コースです
だけど それまで黙々と
自分の専門に力を注いできた
パパの環境が
専門
技術職
一般事務
接待
がらりと変わりました

翌年のお正月
初詣に出遅れて ママは少しイライラしていました
うわー 混んでるなあー
はあー もう1時間
いろちゃん もう少しだよ 頑張って
ママー 疲れたー
あオレ 今年厄年だ お祓い 頼まなきゃ
はあ? 何で今頃 言うのよ
今思い出したんだよ
ご祈祷 頼むなら 並ばないで すぐ本殿に入れて もらえたのに!
イラ イラ
お参り前に 大喧嘩
信じらんない!!

パパのご祈祷を
頼みました
家内安全
……………
ん？
パパ
おふだ見せて
○○神社
家内安全
そうだ
家内安全は
家族みんなの
安全だから
え？
なに申し
込んでるの？
これ家内安全
じゃん
オレの
厄除けも
入ってる
これのほうが
お得だろ？
そんなわけ
ないでしょ!!
もう1回
厄除けのご祈祷
頼んできなさい!!
何だと!?
あーもー
お金もったいない
パパのお小遣いで
頼んでよね
お参り後に
大喧嘩

おませのいろはちゃん

裸で遊んでないで早くパジャマ着てよ
人間ってさー何回も生まれ変わってるでしょー
天国にいるときは自分のこと覚えててもさーお母さんのお腹の中で全部忘れちゃうんだよねー
遊んでるんじゃないよこれは体操だよ
全部忘れてはいー新しい人生の始まりーになるんだよー
ママもやるよー
え!?

うつ病ってこんな病気

パパの場合

3月のある日のこと
なあ アレどこに あるっけ?
イライラ
アレって?
だからさー アレだよ アレっ
アレに アレする やつ
アレじゃん
はあ?
だだだ だから
イラ イラ
アレっ アレだっての
うあー!!
言葉が出ない
ダン!
別の日
パパー 何時だと 思ってるのよー
もう 起きてよー
あーもうっ 今起きてる だろ!!
怒りっぽい
ビクッ

いってきます
はい いって らっしゃい
ぐでー
ほら いろちゃん 早く食べて 保育園 遅れるよー
ん？
ハサミ？
これはさっき パパが使ってた
それ しまっといてよー
おう
なぜ…
あれ？
下駄箱に パパの会社の カードキー
会社 はいれた のかなー？
ケータイ 忘れてるし!!
ルルル
パパに何かが 起きている

言葉が出ない
イライラ怒りっぽい
忘れ物
うつの症状
うつ病!?
パパが今の部署に異動して半年
ありうる!!
その日の夜
パパさー最近ちょっとおかしいよ
病院行ってみなよメンタルクリニックうつ病とか心配だし
は? メンタル?
イライラ
今朝はたまたまうっかりしてただけだし
でも診てもらって大丈夫なら安心だし
いやいやオレ普通だし
いいから行きなさい!!
自覚がない

病院探し
ただ今混み合ってまして初診の方は1ヶ月待ちです
はあー
ここもダメかーどこも混んでるなー
よしここなら予約とれる
ようやく予約がとれたのは深夜に受診させてもらえる病院でした
午後11時
いい？この時間だといろは連れて一緒に行けないし
パパ1人で行ってもらうけどしっかり診てもらってよ
いろは置いて行けないし
いやいや一応行くだけだしオレなんともないし
いってらっしゃい
大丈夫かなあ…

数時間後
ただいま
おかえり
どうだった?
やっぱり オレの言った通り なんともないよ
ちょっと疲れて おかしかったかも しれないけど もう治ってる
一応 予防のために 一番弱い薬を 処方された
は?
はあ?
なんとも ない?
治ってる?
一応 予防?
しまった!
この人 絶対 自分に都合の いいことしか 言ってない
受診は 本人任せじゃ だめ
はあ~

もう パパー
トイレ入ったら
換気扇つけて
って言ってる
じゃなーい
カンキセン
つける
くっさ〜
ママー
トイレの電気
ついてるよー
パパー
電気つけっ
ぱなしよー
またか!!
あーもー
水出しっぱなし
いつも 気を
つけてって
言ってる
のにー
ジャー
ママー
だっこー
パパー
目覚まし
止め忘れ
てるよー
PiPiPi
あーもー
床にも
こぼしてるー
ちょっと
パパー
あー お茶
こぼしてるー
だっこ
だっこ
あ
ダバババ
うっかりミス連発

ママー パパまた置きっぱなしー
ひぃー カミソリ!!
ちょっと パパー
なに食べてるのよ?
なにって朝メシ
いつも用意してあるでしょ
ばばぁーーん!!
あ…
いろはおはようー
ありの～ままの～姿見せるのよ～♪
うわーん ママー パパがいろちゃんの嫌いな歌 歌うー
毎朝の出来事です

ねえ なんで いつもトイレの 電気消して くれないのよ
やっぱり パパ おかしい じゃない
いや 今また 入るから つけといた だけだし
水道だって 使ってる ところだし
だいたい なんで そんな ささいな ことで怒るんだよ
うつになると 怒りっぽくなる そうだぞ
イライラ
病気を認めない
うつ病は キミのほう じゃないのか
玄関のカギだって いつも閉め忘れるから 貼り紙だって してあげたのに なんで 閉めないのよ?
ムカッ
そんなの 目に入る かよ!!
文字が頭に入らない
玄関 カギ
カギ
カギ しめる
カギ
なんで!?

なあ オレの ゴルフバッグ どこだっけ？
いつもの所って どこだよ!!
え？ いつもの所 でしょ？
クローゼット でしょ！
いつものことが 思い出せない
これは なによ
あ…
ない
ない
ない じゃないか
目の前のものが 目に入らない
出した物 片付けといて よね
イラッ
ひぃー ぐちゃ ぐちゃ
整理整頓できない

今日は休日
フルタイムで働くママは
1週間分の料理を作り置き
ぬりえー ママの番 だよー
はいはい ちょっと 待ってね
ちょっと コンビニ 行ってくる
えー 早く帰って いろはと 遊んでねー
すぐ 戻るよ
1時間後
ただいまー
今まで なに やってたのよ?
遅いじゃない
いや コンビニ行って すぐ帰って きたし
絶対 5分しか 経ってないだろ
はあ?
記憶が とぎれている

近所のショッピングモールにお出掛け
パパー まだー？
おう
なによ その荷物
こんもり
もしもの時のためのバスタオル2枚
もしもの時のためのフェイスタオル4枚
もしもの時のための非常食
もしもの時のためのペットボトル3本
とにかく なにかが不安
ドサッ
カレー
カレー
パン
ビスケット
チョコ
ドサッ
ドサッ
全部 置いていきなさい
じゃじゃあ 半分に減らす
ちょっと 待って
はやく いこーよー
出掛けるときは いつも パパの支度待ち

病院の受診日
この日も深夜の予約
いいい？これがここ数週間のあなたの症状です
私がまとめておいたから
病院に行ったらこれを先生に見せなさいよ
・電気消し忘れ
・エアコン消し忘れ
・カギかけ忘れ
毎回
・記憶がとぎれる
・やっていたことがわからなくなる
・物を置き忘れる
・文字が頭に入らない
・目の前の物に気づかない
・同じことを何度言われても頭に入らない
・怒りっぽい、イライラ
・いつも不安、何かにあせっている
ジャーン
はい
ただいまー
おかえりどうだった？
強めの薬処方された
でしょーね!!

パパは元々
感情を出さないタイプ
しゃべるの
ニガテ
パパが怒ったり
笑ったりしているところを
ほとんど見たことがありません
会社から帰ると
黙ってゲームをして
マンガを読む
そんな
生活の人でした
でもうつ病になってからは
よく怒るようになり
イライラ
怒
ごまかし笑い
誘い笑い
あは
あは
狂
よく笑うようになり
とてもよくしゃべる
ようになりました
いや
だってさ
片付ける
タイミングの
認識がさー
人間って
認識の違いが
あってさー
これから
片付ける
ところだし
それは
お互いの問題
でさー
カミソリ
置き忘れ
困
すっかり
よくしゃべる
お調子者キャラに変貌

上司のパワハラが原因なんだ キツイ言いかたする人でさ
会社には病気のこと言ったの？
言わない バレたら出世できなくなる
大丈夫 会社ではちゃんとしてるから
そんなわけないと思うけど…
パパはパワハラが原因だと言うけれど
またカギかけてないじゃない
注意書き見なさいよ
自分で気をつけようってしてる？
なんで何回言われてもできないのよ
はいはいって返事だけじゃない
ちゃんと反省してるの？
何度も同じ失敗をされるとついついこちらも言いかたがキツくなるわけで…
うつ病とパワハラの関係は
ニワトリが先か
卵が先か
きっとニワトリと卵
すぐに会社にバレました

薬が変わっても
キラキラーン
パパー ギンガって なにー？
銀河系の星々
アレだよ アレっ
あー
イライラ
だから さー
すぐに効果は出ません
銀河は恒星のガス状の…
恒星は自ら発光する…
ミズカラって？
コウセイってなにー？
スマホ
自らは自らだろ
何だと？ パパは間違ってないだろ
ママー パパが意味わかんない
パパ いじわるー
うわ〜ん
オレは間違ってない!!
あのさー 間違ってなくても 4歳児に その説明は 無理でしょ
いろちゃん 銀河は お空の お星さまのこと だよ
あ…
そっかー ママ大好き
相手に合わせられない

パパはよくいろはと遊んでくれます
あはは
そーれ
薬のせいでハイテンション
テンションUP
ちょっパパ怖い
それそれー
ブンッ
テンションMAX
それそれー
いやあ
怖い!!
こらー
ブンッ
もうっいろはが怖がってるでしょ
うわーんママー
空気が読めない

パパはいろいろ
使いっぱなしに
してしまうので
使っては
いけません
危険物
ロック
開け
ないで
ロック
危ないものには全て
チャイルドロックをかけて
使用禁止にしたけれど
自分で解除して
使ってしまうので
意味がありません
でした
うわっ
ガスコンロ
つけっぱなし
パパ
使っちゃダメって
言ってる
じゃないー
は
いけません
ちゃんと戻して
おくから
大丈夫だと
思ってー
戻せてない
から言ってる
のよ
結局全ての
見守りが必要で
洗面所
水止めて
はい
監視生活 始めました
ったく
子供より
手がかかる
ママー
だっこー

はあー 疲れたー
そうだ 最近出来た 温泉ランド まだ行って ないなー
パパー 温泉ランドの 行きかた 調べてよ
おう
よし準備 OK♪
パパ 行きかたは？
駅から 送迎バス
バスの 時間は？
いや 行きかたしか 調べてないし
ええー それくらい 言われなくても 気づいてよー
行きかた調べて としか言われて ないし
はあー
あー 送迎バス 1日3本 今日は終わって るじゃない
言われなくても 気づいてよが 通じない

別の日
今日こそ温泉ランド行きたい!!
パパバスの時間調べて
いい？バスの時間だからね？
おう
よし準備OK♪
おっふっろっ
パパー時間はー？
11時55分
え？今12時なんだけど
なんで早く言わないのよ
次のバスは夕方…
はあー
いやだって時間調べてって言われたからちゃんと調べたし
時間調べてとしか言われてないし
おふろ行くー
やっぱり言われなくても気づいてよが通じない

ママのゆううつ

4月になりました
今日から パンダ組さん (年中クラス) だねー
うんー♪
いろはは 年中に進級のはずでした
いろはちゃんは ライオン組 (年長クラス)の お部屋でーす
え？ うちの子 まだ年中 ですが？
年中クラスは今年は 人数が増えまして
いろはちゃんは しっかりした子なので 年長クラスで お願いします
待機児童 問題がねえ…
ええー!!
やーだー みんなと 一緒がいいー
こっちですよー
嫌な予感

ライオン組のみんないじわるー
いろちゃんちゃんとできるのにー
あぁ〜
んーいじわるではないんだけど
この子プライド高いからなぁ…
いろはちゃんお着替え手伝ってあげるよー
家では毎日パパといろはのケンカがたえません
パパなに言ってるかわかんない!!
大嫌い!!
何だと!?
なんで何回言ってもできないの？
気持ち悪いからこっち来ないで
なんとかしなくちゃ…
あぁ〜
このままではいろはもつぶれてしまう

いいですか いろはとパパは 一緒にいると 衝突が絶えないので 生活を 別にします
だけど いろはは まだ5歳 親の保護が必要です
私は母親なので 娘と一緒に すごします
はい
パパも 大変なのは わかるけど あなたは 大人です
わかって 下さい
はいー
家庭内別居
始めました

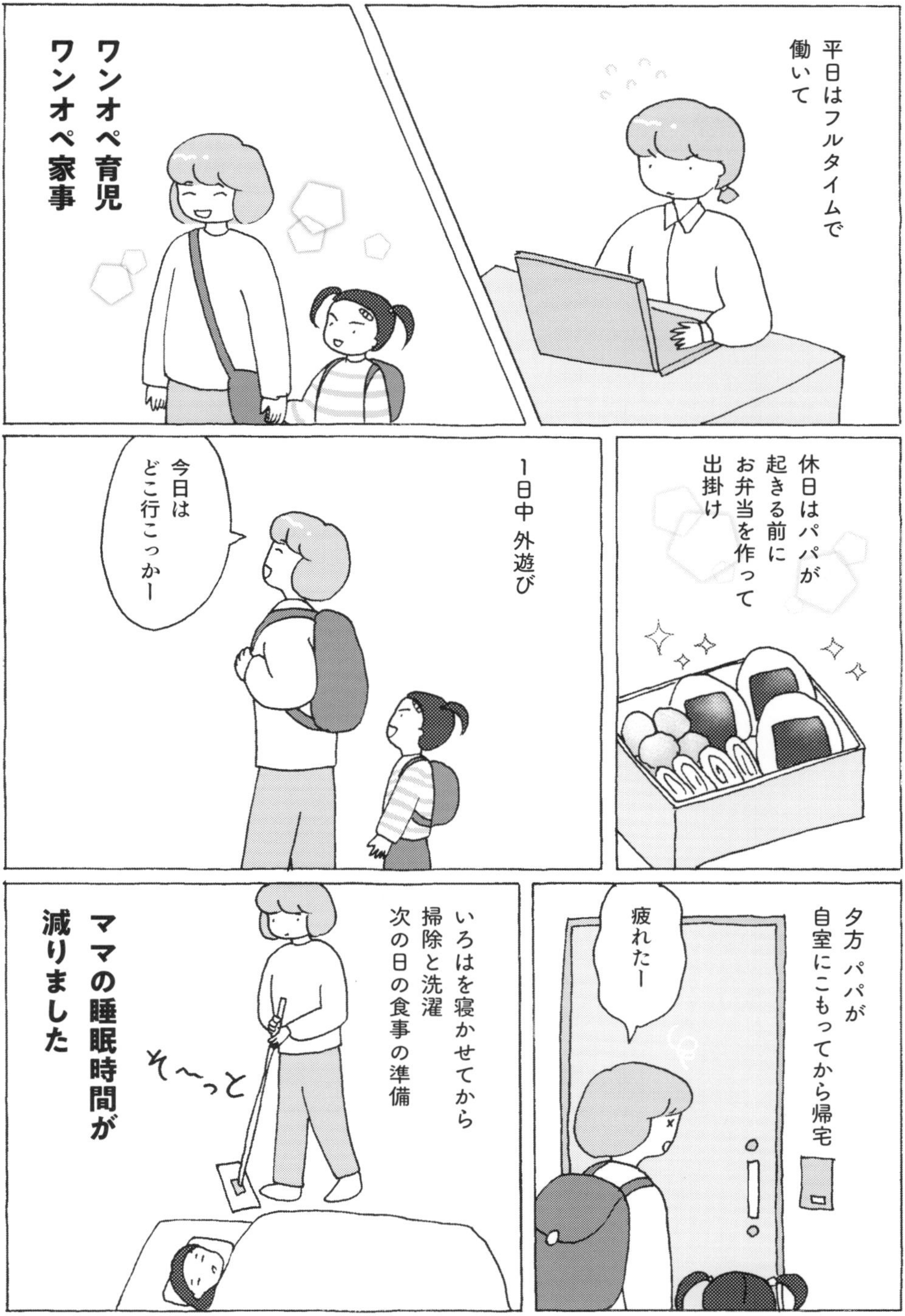
平日はフルタイムで
働いて
ワンオペ育児
ワンオペ家事
休日はパパが
起きる前に
お弁当を作って
出掛け
1日中 外遊び
今日は
どこ行こっかー
夕方 パパが
自室にこもってから帰宅
疲れたー
いろはを寝かせてから
掃除と洗濯
次の日の食事の準備
そ〜っと
ママの睡眠時間が
減りました

○○クリニック
ずっと風邪が治らない
疲れもとれない
眠れていないからなあ…
あなたねーまたですか？
はい…のどの痛みと関節の痛みがとれないです
もう2ヶ月同じ症状で通ってますよねー
そんな症状出てないですよ
2ヶ月治らない風邪なんてありません
ええ～本人が痛いって言ってるのにー？
あの…前と同じ薬を処方してほしいのですが…
あなたにはもう薬は出しません
他の病院へ行かれたらどうですかね
ママ病院で不審者扱い

あ…痛た…
体の痛みが
とれない…
ゲホッ
ゲホッ
ママー
今日お休み
だよー
遊びに
行こうよー
…………
よしっ
行こうか！
え〜い!!
ママー
走るよー♪
え〜
母は強し!!

家庭内別居

家にいるとパパといろはが衝突するので、毎週土日は、いろはと2人でいろいろなところに出掛けました。商店街のお祭りや子育て支援センターのイベントなど無料で楽しめるイベントは何でも行きましたし、ときにはチケットを買って映画や演劇を見に行ったりもしました。行き先は、ほとんどママが決めて連れて行っていました。

実はママの両親はネグレスト。ママ自身は親と一緒に遊んだ思い出が全くなく、子供の頃に親にどこかに遊びに連れて行ってもらったことがありません。お友達が、昨日は花火を見に行ったとか、サーカスを見に行ったとか言うのを横目で見て、いつも寂しい思いをしていました。

いろはとのお出掛けは、いろはが喜ぶだろうなという場所をママが選んで連れて行っていたつもりでしたが、実は子供の頃の自分が連れて行ってもらいたかった所に片っ端から連れて行っていたようにも思います。

着せる服も、お祭りだから浴衣、キャラクターショーだからキャラクターにちなんだ服と、子供の頃の自分が憧れていたものを着せていました。

いろはと一緒にいろんな所に遊びに行き、子供の頃の自分がしてもらいたかったことをすべてしてあげて、だんだん自分の子供の頃の寂しかった気持ちも満足して、成仏したように思えます。

いろはとママは性格が正反対です。

ママは子供の頃、無口で自分の言いたいことを何も言えない子供でしたが、いろははとにかくよくしゃべる子です。いろはを見ていると、もしかして私も子供の頃はこんなふうにお母さんと一緒にいろんなおしゃべりをしたかったのかなと思え、それを叶えてあげられる今の生活がとても嬉しいのです。

パパのうつ病で大変な苦労をかけられたつもりになっていたけど、**実はママの魂にもこの経験が必要で、神様が用意してくれた人生なんだな、と思いました。**

今日はパパの親族の法事で外出
パパ ケータイ持った?
電気消した?
カギは?
ネクタイ持った?
こんにちはー
あ こんにちは
あ ネクタイない 先行ってて
ダメよ パパはカギかけ忘れるじゃない
待ってるから早くして
ママ ご近所さんからオニ嫁扱い
ボソ…
奥さん怖っ
オニ嫁
ボソ…
オニヨメってなにー?

けっこう荷物多いね
おう
駅までタクシーで行こうか
オレがタクシー拾ってくる
ママといろははここで待ってて
わかった
おいっ なんで一緒に来ないんだよ
えぇー？
自分が言ったことを忘れる
これでよく会社で仕事してるなあ…
迷惑かけてるんだろうなあ…

親族の法事
お義父さん
お義母さん
こんにちは
あらー
よく来て
くれたわねー
親族一同
アベノミクス
実感ないわよねー
お父さんの
会社でもね…
そうです
ねー
あたりさわり
のない会話
パパのうつの
こと知ってる
はずなのに
心配じゃない
のかしら？
ちょっと
お手洗いに
ちょっと
あんた病気は
どうなってるの？
会社は？
薬は？
ヒソ
ヒソ
私に聞いて
くれれば
確かなのに
そうか…
お義母さん
たち…
私のせいで
パパがうつになった
と思っているんだ

法事の帰り
クラ〜
ふぅ
さすがに倒れました
バタッ
ママ
イラ イラ
おいっ なんだよ こんな所で!!
大丈夫ですか？ そこのベンチへ
救急車 呼びましょうか？
ありがとうございます… 少し休めば大丈夫です…
イラ イラ
おいっ いつまでそうしてるつもりだよ
いいかげんにしろよ
死ねばいいのに

このままでは私の体力がもたない
いろはに休日に何か習い事をさせよう
幼児教室を見学
一般クラスと受験クラスはどうなさいますか?
いろはさんなら入塾テストの結果も良くできてますし
受験を考えてみてもー
いろちゃんお受験する!!
私立小学校に行く!!
ウソでしょ
え!?
よろしくお願いします
入塾申込書
さあ今日のぶん覚えるよ
いちご!
春!
ママの負担が増えました

幼児教室
○月○日 ○○小学校の 学校説明会ですねー
みなさん 行かれます? ご一緒に食事でもー
いえいえ ○○小学校は うちの子にはレベル 高すぎてー とても無理なんでー
うちも 考えてない ですよー
うちも 見合わせますー
学校説明会 会場
全員 いるし…

別の日
来月〇〇小学校で模擬試験ですねー
ご一緒しませんかー？
いえいえ うちの子には模擬試験なんてまだ早いのでー見合わせますー
模擬試験なんて受けても意味ないですよー
うちもまだ無理ですー
模擬試験 会場
全員いるし…
この人たちにパパのうつがバレたらなにされるかわからない
合格阻止
ママー パパってなんでダメダメなのー？
そうかなー？ ちょっと疲れてるんじゃなーいー？
ゼッタイ内緒
娘にも内緒

おまけのいろはちゃん

そういやさー この猫って 何回も生まれ変わってるのに ずっと同じ トラ模様の オスの猫だね
100万回 生きたねこ
そうだよ だってさ どんなかっこうで 生まれてくるかは 自分で決めるんだよ 神様が決めるんじゃ ないよ
この猫さんはさ きっと ずっと同じ猫で 生まれたかった んだよ

生理がきました
ザー
2人目の子供…
欲しくて不妊治療
頑張ってきたけど
もう
それどころ
じゃない
私の夢
終わったんだ
なあ…
生まれて来ると
信じていた
天国のわが子と
1人でひっそり
お別れ会を
しました

こうえん こうえん
アハハー
ママー あれ やるー
ママー どうしたのー？
ほらー あんたたち ドロだらけ じゃなーい
ううん なんでもない
ママは いろちゃんが 生まれてくれて 幸せだなーって 思ったんだよ

もうすぐ ママの誕生日
あのっ あのっ マ…ママ
いろはと 歌を練習 したんだ
せーのっ
ハッピバースデー トゥーユー
今日じゃない ってば
ハッピバースデー トゥーユー
私の誕生日 今日じゃない けど
おめでとうー!!
おい!!
ブチッ
人の声が耳に入らない

ママの誕生日
しーん
モグモグ
モグモグ
ねえ 今日私 誕生日 なんだけど
ケーキとか お祝いとかって…
え!? だってオレ なにも言われて ないしっ
あせ あせ
ママが なにも言わない からさー
私は頼まないと 誕生日を祝って もらえないのか
はあー
心が折れました

ママと赤ちゃん

2人目の子供が欲しくて不妊治療をしていました。1人目の子供も5年間の不妊治療の後に、ようやく授かった子です。ママはすでに40歳を超えており、授かりづらいことはわかっていました。だけどどうしても2人目の子が欲しい。

実はママには断片的に前世の記憶があるのですが、前世で子供を堕胎したことがあります。あの子を産んで育てたい、そう思っていましたが、最初に生まれてきてくれたいろは、別の子でした。人間って何度も生まれかわっているようでして、ママは過去生で出会ったことがある人と今世で出会うと、「あ、知ってる」という感覚があるのですが、いろはを産んだときは、今までまったく出会ったことのない人の感覚でした。

もともと兄弟姉妹に憧れていましたし、次に生まれてくる子こそきっとあの子だろうという思いで不妊治療を続けていました。病院で検査をしてもこれといって不妊の原因は見当たらず、いわゆる原因不明の不妊です。あらゆる治療法を試しましたが授からず、高額な漢方治療や不妊整体を試しましたがそれでもダメ。

だんだんママの妊活は怪しいほうに迷い込んでしまい、スピリチュアルカウンセラーに未来予言をしてもらったり、霊能者に数十万を支払って妊娠のためのご祈祷までしてもらっていました。それで必ず妊娠できるならばお金なんて惜しくないという思いからです。スピリチュアルカウンセラーや霊能者からは、時間はかかるが必ず妊娠出来ると言われ続けてきました。

ところが**パパのうつ病で不妊治療継続を断念。**

もし生まれてくるはずの子が天国で待っているとしたら、パパの病気のせいで生まれてこれなくなっただなんて、ママはその子のことを思うとやるせない気持ちです。もっと妊娠のために出来ることはなかったのか？　私の人生、何が間違っていたのだろうか？　考えても考えても答えが出ません。

だけどそんな日々が続いた後、ママはとある神社を思い出しました。それは東京大神宮です。恋愛の神様として有名な神社で、ママは若い頃に何度かお参りに行ったことがあります。そのときママには好きな男性がいて、恋愛のご利益目当てでお参りに行きました。おみくじを引いたら「叶わず、諦めよ」との内容でしたが、お守りを買って一生懸命お願いをしました。だけど結局、彼との恋愛は上手くいかず、神様なんてやっぱり当てにならないんだと恨みました。しかしその後、実はその彼には妻子がいることがわかり、願いが叶わないで本当によかったと、ほっとした思い出があります。

東京大神宮の神様は、ダメなものはダメとはっきり言ってくれる神様です。

早速、東京大神宮に行き、「あの子は、今回の人生で私のところに来る予定はなかったのでしょうか？」と聞いて、おみくじを引いてみました。書かれていた文字は「来たらず」でした。そっか、もともと生まれてくる予定の子じゃなかったのか、東京大神宮の神様がそう言うなら間違いない、と納得できました。怪しいスピリチュアルカウンセラーや霊能者を頼らずに、最初から神様に相談していればよかったです。

ママは前世では子供を産めなかったけれど、魂がその後悔を覚えているから、今の人生では大変な子育てを頑張れるわけで、前世のあの子の命はママにとってけっして無駄にはなっていません。都合のよい解釈かもしれませんが、前世のあの子は今のママを子育てに奮い立たせるために自分を犠牲にする覚悟でお腹に入ってくれた、尊い存在主なんじゃないかと思っています。きっと今は天国で尊いお仕事をしていることでしょう。

世の中には、生まれる前や生まれてすぐに親に殺されてしまい、何のための命だったのかわからない気の毒な赤ちゃんがいますが、ママは、**輪廻転生の長い流れの中で見れば、無駄になった命なんてない**んだと思っています。

神様との出会い

不審者
オニ嫁
私のせい扱い
とぼとぼ
本人に自覚がないからなあ
やるせない
はあー
もしパパが体の病気だったら…
いつも悪いなあママありがとう
…とかあるんだろうなあ…
現実…
オレはおかしくない
今やるところだし!!
うわーんママー
ママがちゃんと言わないからさー

とぼとぼ
ふわっ
ん?
神社

パン
パン
あれ?
あれ?
うるるっ
涙が止まらない
なんで?
なんだかスッキリした
また来てみよう

翌日のこと
旦那ムカック
旦那ムカック
旦那ムカック
あ〜らよっ ほっほ〜い♪
ん？
あいさっさ〜♪
ぶはっ
なにこのおじさん！
あれ？
神様？
ママの神社通いが始まりました

ある日のこと
わあ♪ 蝶だ
別の日
フワッ
フワッ
花びら♪
お参りに来ると毎回不思議なことがおこる
神社って楽しい～♪
ホクホク
さらに別の日
わくわく
今日はなにがあるかな
なんにもなかった…
しょぼん
心洗
はっ
スマホ忘れた～
ゼーゼー
神様いるんですね!!
結婚式!!

なるほどー 神様の歓迎の サインなのかー
本当にある んだなあー
ん? この人 ヘビが お出迎えして くれたって
そんな人も いるのかー
いいなー
私は動物が お出迎え してくれた ことはないいなー
神様 ケチ〜
毎日 お参り 行ってるんだから 1回くらい あってもいいのに
やっぱり そういう歓迎を 受けられる人は 特別な人 なんだろうなー
ん!?
にゃー
神様 ケチつけて ごめんなさい!!

ママと神様

受験勉強が始まり、この頃いろはの生活もハードになってきました。朝9時から夕方6時まで保育園、急いで家に帰って夕食を食べるともう夜7時です。幼児教室の宿題がどっさり出ていて、毎日プリントが10枚程度、約1時間かかります。その他にも覚えなければいけないカード問題やお話作りの練習、お絵かきや工作の練習、やらなければいけない勉強がたくさんありました。

いろははまだ5歳、夜9時には寝ないと体力が持ちません。毎日家に帰ると、急いで夕食を食べて宿題やってお風呂に入って寝るだけの生活になりました。ママは「急いで、急いで」「早く、早く」が口癖になりました。

当然ですが、いろはの情緒が不安定になってきました。自分でやりたいと言いだした受験勉強だけど、そこはやっぱり5歳児です。ママが「受験やめてもいいんだよ」と言っても「やるー!」と泣くのですが、イライラを爆発させて怒ったり泣いたりすることが多くなってきました。

どうしたものかな、と悩みつつ、その日もママは神社に行きました。いつもいろはを保育園に送った後、神社に寄ってから仕事に向かうのがママの日課です。

神社にお参りした後、どういうわけかママはぼーっとしていて帰り道を間違えてしまいました。そして、「あ、間違えた」と我《われ》に返ったときに通りかかっていた場所は、いろはが小さい頃によく一緒に行っていた公園でした。そこで、「そうか、私と遊ぶ時間がなくなったからだ」と気がつきました。

それからは、保育園の送迎で工夫をしました。保育園まで片道6キロ、毎日自転車で突っ走っていましたが、1キロくらいの距離は自転車を降りて、行きは全力ダッシュで追いかけっこ、帰りは徒歩でおしゃべり、早めに仕事が終わった日には公園によってから帰るようにしました。すると、だんだんいろはに元気が戻り、いきいきと勉強を頑張るようになりました。

ママには神様の声は聞こえませんが、問いかけをすると、神様はいつもあの手この手で答えを気づかせてくれます。

はあー
神社にお参りするとすっきりするー
パパの部屋なんだかどんよりしてるなあ
入ると気持ち悪くなる
家じゅうの窓を開けて換気
よし！これですっきり
でもパパが帰ってくると
どんよ～り
ただいまー
どんより復活
え～～

あ痛た
背中と腰が
限界
だっこー
だっこー
パパー
ちょっと
腰もんで
くれない？
おう
ずっしり
どんよ～り
ねえ！
その気持ち悪いの
私の上に
落とさないでよ!!
ええ～
パパをなんとかしなくては!!

パパ
神社にお参りに
行くよ
パパ
気持ち悪い
ビームが
すごいから
こっち来ないで
もうちょっと
離れてよ
……
ペコリ
パンパン
う～～
頭痛い～

ほわわ〜ん
神社に お参りすると どんよりしていた パパが 見違えるように 晴れやかになる
やっぱり 神様が 悪いものを 祓ってくれてる んだなあー
だけど数時間たつと元通り
イライラ
なんだと!!
うわ〜ん ママー パパのいじわるー
これは 継続 しないと…
あぁ〜
神様と どんよりの いたちごっこが 始まりました

いいですか？
あなたが病気になってから私は大変な苦労をしています
あなたいつも同じ失敗くり返すでしょう
私はもう疲れました
いやっ誠意がないわけじゃないいし
言い訳して怒ってばかりで誠意が感じられません
誠意があるなら態度で示してくれないとわかりません
毎朝会社に行く前に神社に通ってちょうだい
……
行かないなら離婚します
ドーン！
行きます！
即答
パパの神社通いが始まりました

ただいまー
おっ
おかえりー
やっぱり神社に行ってもらうとだいぶどんより感が違うな～
別の日
ただいまー
ん?
あなた今日神社行ってないでしょ?
いやちょっと今朝時間なくて…
リコン
リコン
リコン
明日は必ず行きます

悪いものは人に移る

ママは霊感体質なので、よく金縛りに遭います。成仏できなくて困っている幽霊って、自分の存在に気づいてくれる人がいると助けてほしくて憑《つ》いてきちゃうんですよ。なのでママは街を歩いていて、なんだかいそうだなという気配を感じると、体がずっしり重くなり、夜寝ようとすると何度も金縛りに遭って困ることがあります。

だけど神社に通うようになり、それもだいぶ少なくなってきました。神社に行くと神様が悪いものを祓い取ってくれているようです。しかし、いくら自分が神社に通って身を清めても、パパが帰ってくると家に悪いものを引き連れてきているようで、ゾクっと嫌な気配を感じます。パパに体をマッサージしてもらうと、筋肉はほぐしてもらっているはずなのに、それとは別の重だるさがのしかかってきて、夜寝てるときにやっぱり金縛りに遭います。パパに幽霊を移されているんです。**家に入り込んだ幽霊はしつこいです。**金縛りにあって何度「あっち行け」と追い払おうとしても、しつこく何度も何度も襲ってきて一睡もできません。**一緒に住む家族がいる場合、自分一人だけ身を清めても意味がないですね。神社通いは、家族一丸でやらないといけないんだな**と気づきました。

おまけのいろはちゃん

そういやさー お空飛んで ママのお腹に 入るときって どうやって 空飛んだの？
羽が生えて 天使みたいに 空飛ぶとか？
ちがうよ ただ そのまま ビューンって 飛ぶんだよ 神様の魔法だよ

パパが神社通いをするようになって数週間がたちました
なあオレ…
おかしいんだな…
やっとお参り効果が出てきたか…
自分の頭がどれだけおかしいのかわかってきたよ
迷惑かけてごめん…
でもさわかってきたって ことは 前より良くなってきてるんだよきっと
ガバッ

オレ治すからさぁ
これからもよろしく頼むよ…
神様ありがとう

パパ トイレの電気 つけっぱなし
はっ
すみません
パパーまた カミソリ 出しっぱなし
はっ〜
すみません
いろは おはようー
ありのーままのー姿見せるのよ〜♪
うわー ママー
ちょっと パパ!!
自覚はできるように なったけれど
おお〜 おお〜
行動に変化なし

ある日のこと
大分《おおいた》に出張になった
1泊2日1人で
はあ？大分!?
大丈夫なの？
点検に行くだけだから大丈夫
いつもやってる作業だから
そうじゃなくて飛行機でしょ？1人で移動できるの？
空港から現地まではどうやって行くの？
レンタカー
車運転するの!?
その頭で!?
まじか！
これはまずい!!

ちょっと待って
大分…
なにかで聞いた
ことがある
あったあった
これ
宇佐神宮
八幡宮の
総本宮
神社
ガイドブック
レンタカー
ならパパの
現地から
すぐだよ
宇佐神宮

出張当日
いい？空港に行く前に必ずいつもの神社に行って道中守ってもらえるようお願いしてから行くのよ
病気の頭で車を運転するんだから神様に一緒に来てもらうように頼んで
お守り買って持って行くのよ
はい
宇佐神宮に行ったらあなたの病気のことよくお願いしてきてね
おう
いってらっしゃい
神様頼みます!!

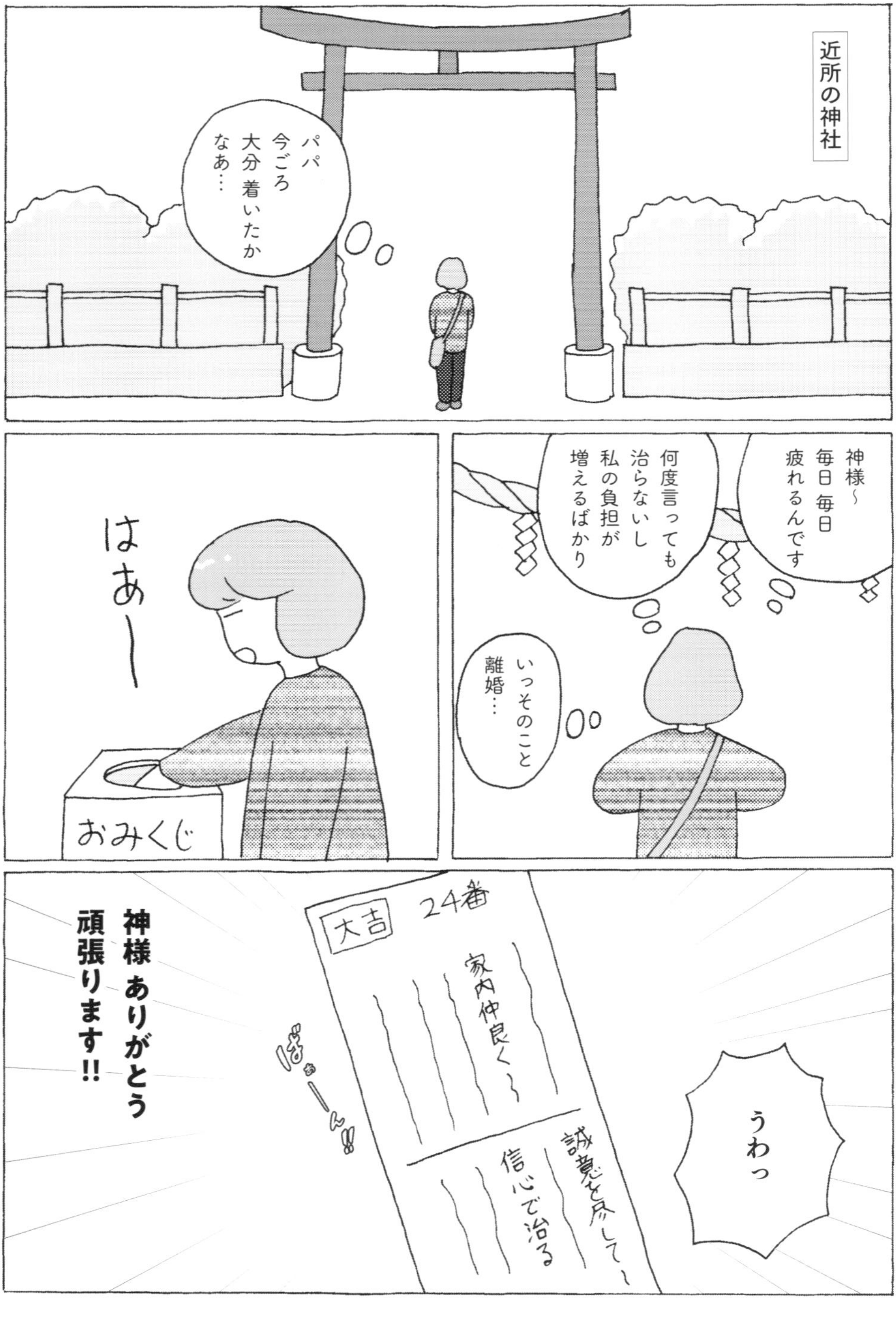
近所の神社
パパ今ごろ大分着いたかなあ…
神様～毎日毎日疲れるんです
何度言っても治らないし私の負担が増えるばかり
いっそのこと離婚…
はあ～
おみくじ
うわっ
大吉 24番
家内仲良く～
誠意を尽して～
信心で治る
ぱぁーん!!
神様ありがとう頑張ります!!

大事に持って帰ろうー
プルル
は～い
おう今 宇佐神宮
よかった 無事に 着いたんだね
なあー 宇佐神宮って いうのは境内で 蝶を飼ってる のかねー？
ふわ
ふわ
すっげー でっかい蝶が たくさん寄って 来るんだよ
なにバカな事 言ってるのよ 飼ってるわけ ないでしょ
おみくじ 引いてくるの 忘れないでよ
おう
おみくじ

翌日
ただいまー
おかえり
宇佐神宮でおみくじ引いてきたよ
これー
大吉 24番
家内仲良く〜
誠意を尽して〜
信心で治る〜
え〜
ばばぁーーん!!
私と同じ!!
神様の連係プレーすご!!

神様 パパと一緒に 宇佐神宮に 行ってくれたの ですね
ありがとう ございます
公園 いこー
あーママ 四つ葉の クローバー
あー本当だ 四つ葉の クローバーって あるんだね
ママ初めて 見たよ
ママに あげるよ
神様ありがとう 私は大丈夫です

数日後
辞令が出た
元の部署に戻ることになった
よっしゃ!
え!? いつ戻れるの？
2週間後
早!!
宇佐神宮すごー!!
宇佐神宮

家族3人宇佐神宮にお礼参り
ママー耳痛いー
ツバを飲むのよ
オエェ~
きゃあ~
うわっ本当に大きい蝶
パパの周りにずっといるね
ふわっ
この人めっちゃ神様に気に入られてる!!
ふわ
ふわ

神様
おかげさまで
主人が元の部署に
戻れるように
なりました
ありがとう
ございます
ママー
お願い事
していいのー？
んー
この神社は遠くて
お願い叶えて
もらっても
お礼に来られない
からー
今日はパパの
お礼だけにして
お願いはしないよ
え？
オレもう
来れないけど
出世させて下さい
って頼んじゃった
ちゃっかり
※さすがに叶ってません

パパが元の部署に戻りました
家族で宇佐神宮行ったからお金がすっからかん
はあ〜
デコレーションケーキ買いたかったなあ…
すみませんこのシフォンケーキください
ただいまー
カツン
部署が戻ってもパパの症状は
あ
ボイスレコーダー
なーに？それ
会社でなにされるかわかんないから
そうすぐには改善されません
妄想
ねえ今日なんの日か覚えてる？
オレは疲れてるんだよ
寝る
結婚10周年記念日が終わりました

今日は休日
こらっ いろは
ビクッ
おもちゃを クチに入れちゃ ダメじゃないか!!
ズン
ごめんなさい
ふえっ
だめじゃないか
だめじゃ ないか!!
ちょっと パパ!!
はっ

冷静に
なりなさいよ
ママ〜
あなたの
怒りかた
異常だよ
パパ
大嫌い
大嫌い
大嫌い
もうー
パパのことは
気にしないで
ご飯食べるよー
今日は せっかくの
ご馳走なんだからー
まだまだ治療中
おおお〜〜

元旦
さあ 今年は初日の出見に行くよ
ぼけ〜
今年はいいことありますように
いや 絶対よくする!!

うぅ…
パパ
後ろ向いて
1年分の
「アカ」を
叩き出し!!
バシン
バシン

会社移転

パパが元の部署にもどって数ヶ月がたち、だいぶ生活リズムを取り戻しつつあったこのとき、転機が訪れました。

それはパパの会社の移転です。このときは会社の移転だなんて気にもとめていませんでした。しかし、たまたま後から知って驚いたことなのですが、実はパパの会社が移転前にあった場所は、**江戸時代の怪談話で有名な心霊スポット**だったのです。どうりで毎日祓っても祓っても会社に行くと悪いものを引き連れて帰ってくるわけです。

パパは霊感ゼロなのでもちろん幽霊が見えたりしませんし、憑いて来られても自覚がありません。だけど**自覚がなくてもやっぱり悪いものの影響は病気となって受けている**んですね。

みなさん、自覚がなくても見えない悪いものから自分の身を守るのは大切ですよ。絶対、**むやみやたらに心霊スポットに行ったり、事故物件に暮らしちゃいけない**な、と思いました。

そして更に驚いたのがパパの会社の移転先は、なんとパパがよくお参りに行って頼りにしている神社の近くなんです。パパの会社はそこそこ規模の大きな企業でして、そんなに簡単に移転するような会社じゃないんですよ。その会社が急に神社の近くに移転だなんて、もしかして神様がパパのために会社をも動かしてくれたのかな、と思えるわけです。

神様の力の強さ、思いやりの深さに、驚きです。

パパは今でも毎朝出社前に、この神社にお参りをしています。

元の部署に戻って数ヶ月
お電気消してる
パタン
パチッ
フッ
やっとパパの生活が落ち着き監視は続けているけど家庭内別居は終わりました
だけどパパの周りのどんより感
パパの部屋のどんより感
神社にお参りしてすっきりしてもすぐに戻っちゃう
なんとかならないものかしら?
う〜ん
そうだ!!
なんで今まで気づかなかったんだろう?

パパさー いつもの神社で おふだ もらってきなよ
パパの部屋に 飾って 守って もらおう
いい? いつもお世話に なってる 神社のおふだ だよ
社務所に いろんなの 売ってるけど 間違えないように 気をつけてね
はい
ただいまー
買ってきた
天照皇大神宮
えー!! これじゃない よー
天照大神は あの神社の ご祭神じゃ ないよー
ブックサ
何やってんのよ もー
だから 気をつけてって 言ったのにー
ブックサ
まあ 買ってきちゃったから 一応飾って おくけどさー

翌朝
あれ？
天照皇大神宮
パァァァ
なんか パパの部屋 だいぶ すっきり
天照大神の おふだ すごいかも
もしかして 神様が わざと 間違えさせたの かな…？
くやしいから パパには 黙って おこうー
ただいまー
今度こそ あの神社の おふだ 買ってきた
○○○神社
除災
繁栄
そうそう これだよ これー
天照皇大神宮
パン パン
お願い します

翌朝
ふおー 神々しい!!
ビッカーン!
天照皇大神宮
○○○神社○○○○
どんより感が すっかり なくなった どころか 明るい感じ
天照大神と いつもの神社の 神様の ダブルパワー すごいなー
やっぱり先に 天照大神のおふだが きたから いつもの 神社のおふだが 力を発揮できてる のかー
神様 ありがとう
その後 破魔矢も加わって
鉄壁の守り!!
よっしゃ
最強伝説!

天照大神《あまてらすおおみかみ》のおふだ

天照大神のおふだはすごい効果がありました。

パパの部屋は日が当たらないんです。**日当たりが悪かったり、風通しが悪い所は、気がよどんでいて悪いものが溜まりやすい**んですよ。

ママはそういうところにいると体が重だるくなり、気分もどんどん沈んできます。なのでパパの部屋はなるべく換気を心がけていましたが、やっぱり日光が当たらないとスッキリ具合が完璧じゃなかったんですね。

天照大神のおふだを飾ったら、部屋の気が見違えるようにスッキリしました。まるで日の光が差し込んでいるかのようなスッキリ具合です。天照大神は言わずと知れた太陽の神様ですが、おふだにもそのまんま、太陽のような力があるのですね。パパのうっかりミスで天照大神のおふだを買ってきてしまったわけですが、先に天照大神のおふだを部屋に飾ってからいつもの神社のおふだを飾ることになり、よかったです。

実はこの後、1年たっておふだが古くなったので新しいおふだに交換したのですが、そのときに天照大神のおふだを買うのを忘れていました。

なんだかパパがまたうっかりミスを連発するようになり、また病気かな～、困ったな～、と思ったそのとき、天照大神のおふだを忘れていたことを思い出しました。**新しく買ってきておふだを飾ると、すぐにパパの症状が落ち着いてきました。**今ではパパの部屋に天照大神のおふだは欠かさないようにしています。

病気闘病中の方は、天照大神のおふだと、病気平癒のおふだの2つを部屋に置くとよいですよ。天照大神の浄化パワーで病気平癒のおふだが効きやすくなります。

ちなみに、紙の**おふだにかかっている薄い紙は外して飾るのが良い**ようです。ママは最初、買ってきたままの薄紙がかかった状態で飾っていたのですが、「薄紙は外して飾るもの」というのを知り、実践したところ、外したほうがおふだから発せられるパワーが強くなりました。

休日は パパに
ゆっくり時間をかけて
お参りに行ってもらっています
ただいまー
神社 行って
きたー
眠い～
ちょっと
5分だけ
寝るー
2時間後
はあー
寝たら だいぶ
すっきりしたよ
いつも いつも
なにが5分だよ
私ずっと
ワンオペ
ですが
ママー
ハッ
!
ん？
ねえあなた
神社から帰ると
いつも爆睡してる
よね？
それって神様が
なにか治療して
くれてるんじゃ
ない？

次の休日
どうせ寝るなら神社で昼寝してきなよ
そのほうがもっと効くんじゃない？
はいリクライニングチェア持っていって
折りたたみ
おう
ただいまー
ぱあぁぁ
大成功!!
うおっまぶしい!!

ある日のこと
ただいまー
これ お参りしてたら 神様がくれた
ん？ どういう こと？
ご神木に お参りしてたら オレの足元に 落ちてきたんだ
ポトッ
神社の人に聞いたら 神様からの授かり物 だから お持ち帰り 下さいって言われた
へぇー ありがたいね
せっかくだから パパの枕元に 飾ったら？
おう

翌朝
8
ちょっとー パパ何時だと 思ってー…
ん?
ま いっか…
10
まだ 寝てる
この人も 疲れてたん だなあー
ご神木の いやし パワー すご!!
ご神木様 私にも 枝をください
ポトッ

ただいまー
いやー パパ
気持ち悪いー
疲れたー
寝るー
……
ママー
おふだで部屋を
すっきりさせても
休日に体を
すっきりさせても
会社に行くと
戻っちゃうんだ
よなあー
会社でいろいろ
悪いものを
もらってきてる
んだなあー
ぞーうさん
ぞーうさん
おはなが
ながいのね
そもそも
悪いものを
もらわないように
するのって
どうしたらいいん
だろう?

いつもの神社にお参り
ペコリ
神様～うちの旦那
会社で悪いものをもらってくるんです
どうしたらよいのでしょう？
うーん
あら奥さんこのあいだ成田山でね…
うーん
成田山
こちら成田山新勝寺では節分の…
成田山 新勝寺
特集
はっ
成田山!!

成田山
新勝寺
不動明王
ごりやくは
魔を祓う
これだ!!
パパ
いろちゃん
成田山に
行くよ
成田山
新勝寺

成田山 新勝寺
あれー？ 時間 間違えた ご祈祷 3時から なのに 2時に 着いちゃったー
ママも うっかりする ことがあるん だなー
ハハハッ
まあ ゆっくりして いこう
いつもちゃんと 確認してるのに
私が時間を 間違えるとか ありえない んだけど
Why
おかしい なー

お散歩していこうー
ザァァァァァ
3時のご祈祷
ドンドン
のーまくさんまんだーばーざら
ん?
ピリ
ピリ
ピリ
ピリ
なにこれ体がしびれる
不動明王のご真言めっちゃ効く!!

はあー いいなー ここ
オレまた ここ来るよ
ぱあぁぁ
パパ顔 真っ赤
パパも なにか 感じてるん だなー
パパこれ 不動明王の ご真言 絶対覚えて！
のーまく さんまんだー
ばーざらだん せんだー
ゃーだー
たらたー
不動明王
ご真言のカードも 置いてある もらって帰ろう
いい？ 毎日朝晩 このご真言を 唱えるのよ
会社の帰りに うちの玄関に はいる前も 絶対唱えて
これ唱えれば 悪いものも 逃げてくよ
お守りも 買っていこう
いつも 持っててね
お不動様 お願いします!!

ある日のこと
最近 パパ 疲れてる…
また 成田山 行かないと
前回 時間 間違えたから 出発時間を よく確認して…
ふんっ
よし 大丈夫 間違いなし
到着
また1時間 間違えたー なんでー？
Why
早く着いちゃったー
別の日
今日はオレ 1人で成田山 行ってくる 急いで帰るよ
あら せっかくだから ゆっくりして きたら？
いや 今日は 忙しいから すぐ帰る
半日後
ただいまー
おかえり どうしたの？
ご祈祷のおふだ お寺に忘れて きたー また取りに行って くるー
時間をかけて お参りしろってことだね!!

パパがうつになって
2回目の春が来ました
また
ライオン組
だねー
お誕生日
おめでとう
天満宮
今年は
いよいよ受験
だからねー
しっかり
お参り
しとこうー
神様
よしよし頑張れよ
わしも手伝う
からなって
言ってるよ
げっ
スピ娘!!
ママ
聞こえないの？

今日は家族でお参り
いてて
ズキ
ズキ
頭痛い～
そういえばパパっていつも神社に来ると頭痛くなるよねー？
神様の力のせいかねー？
なんかーパパばっかり神様の力もらってて納得いかないー
う～ん
!
パパはさー治すところがいっぱいあるからだよ
ズキ
ズキ
納得!!

いつのまにか神社お寺巡りが
私たち家族の趣味になりました
今日はお稲荷さんにお参り
うへー頭痛いー
ズキ
お稲荷さんはさー人間の神様じゃなくてキツネだからさー
ズキズキ
グァングァンするー
治しかたが荒っぽいんだよー
治療じゃなくて修理ってやつ
ズキズキ
きっつー
お稲荷さんありがとうガンガン修理してください!!

初めて来た神社
ねえねえ この神社 どう？ 頭痛い？
ズキッ
んー 軽く痛い
別の神社
この神社は どう？ 頭痛い？
ズキ
うお〜 すっげー 痛い〜
ズキ
そっかー この神社 パワーが 強いのかー
おい オレのこと なんか 使ってるだろ
バレた？
ドキッ
神様バロメーター

とある神社にお参り
さあ いろちゃん 行くよー
じー
ママー あれなーに？
境内社のお稲荷さんだねー
出世稲荷
へえー 出世稲荷だって パパによさそう
ズキッ
ズキ
うお〜
なに ここ すっげー 頭痛い〜
パン
パン
ふーん
こういう 隠れたすごい 神様を見つけるのは いつも この子だなあー
ズキ ズキ
子供の直感には 従っておく!!
ばーーん!!

近所の神社
はらい たまえ
きよめ たまえ
パン
パン
ペコリ
いい神様 仏様に 出会えて よかったなー
だけどもっと パパを治す 方法ないか なあー
ん？ 成田山 新勝寺 写経体験が 出来るのか
いいかも しれない
写経体験
2,000円
えー 料金2千円 高〜

パパのために
2千円…
今お金ないんだよなあ…
つか
2千円あったら
1人でこっそり
ごほうびランチ
食べたいよなー
ん？
ぱあああ
共済還付金のお知らせ
振込額
￥2,000－
2千円
キター!!

パパ 神様がお金 くれたから
写経して おいで
お？
ただいまー
おかえり どうだった？
いや～ 書いてる間ずっと 頭痛かったけど
ピカーッ
すごく 頭がすっきり したよー
へー どのくらい 時間かかったの？
1時間半
1時間半 お不動様のフル治療!!

毎朝 神社通い
パン
パン
部屋に おふだと破魔矢
天照皇大神宮
○○○神社
毎日 不動明王のご真言
のーまく さんまんだー
ときどきお寺で写経
休日は 家族でお参り
ペコリ

秋が来ました
病院で もう 薬飲まないで いいって言われた
よっしゃっ
間に合った
受験直前
親子面接 練習するよー
お父様に 質問です
コクッ
合格通知!
神様 ありがとう

合格
いろちゃんさー 今まで いろちゃんには黙ってたけど
パパはうつ病っていう頭の病気なんだよ
パパ いつも頭おかしいでしょ？
どうしてなる病気なの？
んー 嫌なこと我慢してたり心が疲れるとなる病気かなー
あー パパはお仕事変わってセッタイで失敗したときから おかしくなったんだよね
子供は親をよく見ている

お正月
入学式
○○小学校
祝入学式
夏休み
神様
引っ越しが
決まりました
家が遠くなるので
今までのようには
もうお参りに
来れません
今まで
ありがとう
ございました
あれ？

誰もいない
境内なのに
雅《が》楽《がく》の音色が
聞こえてきました
神様 忘れません

おまさのいろはちゃん

ママー いろちゃんさー パパとママと 会うの初めてだよー
なに言ってるんだよ 毎日会ってるだろ
ちがうよー 人間って何回も 生まれ変わってる でしょー
でも いろちゃん パパとママと 会うの初めてー
あー そうだよね
ママも いろちゃんと パパって 会うの初めてだもん
なんで一緒に 集まったん だろうねー

それから

あれから
毎年元旦には
初日の出を拝んでいます
思えば初日の出を
拝むようになってから
パパの病気が劇的に
改善されたように思えます
以前住んでいた家では
近所の高台から
日の出が
見られたのですが
今の家は
周りがすべて
住宅街
しかも平地
日の出スポットを
探しましたが
ないなー
ないねー
見えそうな所が
全然見つかりません

ところが灯台もと暗し
わが家の玄関前から
奇跡的に日の出が
見えることがわかりました
おおっ
私たち家族は
神様が見つけてくれた
家に住んでいます
神様 面倒見
よすぎでしょ!!

パパのうつ病は
ずいぶんよくなり
病院での治療も
終わりました
毎日普通に
会社に通勤して
いって
らっしゃい
普通に生活しています
だけどやっぱり
仕事が忙しくなったりして
疲れると
ただいまー
おかしくなることが
あります
パパ電気
つけっぱなし
あわわっ

たぶんこれは
一生続く病気
ありのーままのー姿見せるのよー♪
つーん
私たち家族は神様 仏様に
お世話になりながら
神社行ってきなさい
はい
感謝して
暮らしています
そう…
感謝している
つもりだったけど…

バタン!
ドタドタ
イラッ
ただいまー
もー パパは音がうるさいよ 夜なんだから静かに帰ってきてっていつも言ってるでしょ
下の階の人に迷惑だよ しっかりしてよ もー
あ はい すみません
……
なによ?
言いたいことあるなら言いなさいよ
いや別に…
オレも疲れて帰ってきてるんだから おつかれさまくらいあっても…
なんですって!?
パパがおかしくなるたびに私がどれだけ大変な思いしてると思ってるのよ
だいたい私だって働いてるし
しょぼん
あ はい …ごめんなさい

あ パパ 帰ってきた 遅いよ もー
いろちゃん お風呂入るよ
パパも一緒に 入るんだよ
早くしてよー
いろちゃんは パパに言いかたが キツイよ
もうちょっと 優しくお話し したら?
いろはの言いかたは ママにそっくりだよ
なんですって!?
いやぁあの ごめんなさい…
パパ 手洗った?
早くトイレ 行って!!
お風呂 入るよ!!
絶賛 更年期中
もう ただでさえ更年期で イライラしてるのに
パパは 余計なこと ばかり…

ママー
眠れないよー
あらあら
最近いろちゃん
なかなか
眠れないねー
寝てもすぐ
目が覚めちゃう
んだよ
コロナ
外出自粛
そうだよねー
あんまり運動
してないもんね
困ったねー
はーやっと
寝てくれた
私も最近
よく眠れないいん
だよなー
イライラして
疲れるし…
毎日
神様 仏様に
感謝してるん
だけどなー
神様〜
どうしたら
いいんでしょう
ねー？

翌朝
おはようー
ぐったり
おはようー
なんか変な夢見たよ
ん？
目が覚める直前に夢に神様が出てきてさー
不眠に悩むおぬしら一家に知恵を授けよう
寝る前に7つのことに感謝することを続けよ
さすれば「わ」によって守られていることを思い出し安寧を得るであろう
って言ってた
えー!! なんでそっちにー!?

神様 なぜ パパの ところに…
ジェラシー
私のほうが よく神社に お参りしてる のに…
まてよ? わざわざパパに 言わせるっていう ことは
よーするに 神様はパパに 感謝しろって 言いたいのかも なー
パパに感謝 忘れてたー!!
あ
もしかしたらこの人の魂は 私やいろはを 神様に出会わせるために 自らうつ病になるという 嫌な役を引き受けて くれたのかもしれない

ママ おはよー
これ なーに?
しまった! 隠しておいた タロットカード
これは占い遊びで使うカードで
カードを引いて出てきた絵が占いの答えだよ
んー
やさしい気持ちの絵と
神様が夢のように降りてくる絵
どういう答えだろう?
もしかしたら絵が逆さまだからやさしい気持ちが足りないよ だから神様が夢のように降りてこないんだよってことなんじゃない?
なにを占ったの?
どうしたら夜眠れますか?ってー

ビンゴ!! 当たってる
うっ!
神様 しつこい
プルル
はい あお母さん
もしもし あんた 元気にしてるの?
旦那さん 大事にしてる? 毎日 旦那さんに 感謝しなさいよ
病気でも 一生懸命 働いてくれてるんだからー
はい はーい
ビンゴ ビンゴ
神様 マジ しつこい
たしかに パパがうつになった おかげで 神様と 出会ったわけでー
いろいろな 経験もできた
神様に会えて よかった
パパを大事に しないとな

はいパパ いつも おつかれさま
大盛
さあ 7つの感謝 するよー
今日も元気で ありがとう
ママが抱っこ してくれて ありがとう
ママと お風呂入って ありがとう
ママが絵を ほめてくれて ありがとう
宿題早く 終わって ありがとう
ママが こちょこちょ してくれて ありがとう
うーん…
パパにも 感謝して ねー
パパ あそんで くれて ありがとう
神様 仏様 ありがとう
平穏に 暮らせて ありがとう
家族3人 健康で ありがとう
仕事が あって ありがとう
買い物が できて ありがとう
なんだか わかんないけど みんな ありがとう
パパ ありがとう

くかー
すー
パパ
ありがとう

あとがき

7つの感謝生活を続けて変化がありました！　新型コロナでピリピリしていた家族に笑顔が増えましたよ！

ママは毎晩7つの感謝をしなきゃと思っても、慣れないうちはなかなか見つからなくて、感謝すべきことを無理矢理考え出していました。だけど**続けているうちにだんだん些細な感謝に気づける**ようになり、毎晩すらすらと感謝の言葉が出るようになりました。すると、普段の生活の中でも些細な感謝に気づけるようになり、**心に余裕ができる**のですね。自然と笑顔でいられるようになりました。ママが笑顔でいるとパパもいろはも笑顔で過ごしてくれることが多いです。

パパといろはは今ではとても仲よしで、よく一緒に遊んでくれます。いろはは、パパと思いっきり遊ぶとよい発散になるようで、よく眠れるようになりました。

パパは、病院での治療が終わったとはいえ、これまではいつ症状が逆戻りするかわからない危なっかしい感じだったのですが、最近は笑顔が増えて、安心してもう大丈夫と思えるようになってきました。パパはうつ病で出世を逃してこの先も収入が心配だし、世の中はコロナで不安ばかりだし、ピリピリしていた状況は何も変わってないのに、感謝する気持ち次第でこうも気持ちに余裕が生まれるとは驚きです。

感謝の気持ちは効果絶大！　さすがは神様のアドバイスですね。きっと感謝の気持ちが神様のうつ治療の総仕上げだったのだと思います。

ママは、パパがうつになる前は、毎晩金縛りに遭うような酷い霊障に悩まされていたのですが、パパのおかげで神社通いをするようになり、いつのまにか霊障で困ることがなくなりました。以前に霊能者に没頭してしまったママを霊能者と引き離してくれたのもパパでした。人生の大事な軌道修正は、いつもパパがしてくれているような気がします。

ちょっと頼りない、いえ、かなり頼りないところのあるパパなのですが、ママにとっては、神仏に出会わせてくれた大切な人です。これからも大事なパパをひっぱって、家族みんなで神様の方を向いて歩んでいきたいと思います。

さあ、これからも一緒に生きていくわよ〜！

やっぱりさ人間が一番いろいろできてすごいよね
かしこいし遠くへもいけるしいろいろ作れるしさ一番だね
そうねえー ママは神様のほうがすごい気がするけど…
みんなが神様だったらつまんないよ
確かに!!
動物図鑑

いろはママ

関東在住。
30歳で微妙な霊感体質を発症。
不妊治療の後、30代後半で一人娘を出産。
仕事と育児で、お疲れ気味の主婦。
更年期と霊感と戦いながら子育て奮闘中。
著書に『うちのスピ娘のパワーがちょっとすごくって…』(ハート出版)、『いろはママの「神様見習い」はじめました(たのしく自分で運気アップ♪)』(マキノ出版)がある。
Twitter 公式アカウント
いろはママ スピリチュアル漫画 @iroha_spiritual

編集協力：Kanita

神社通《がよ》いで
うつが治っちゃった!!

令和3年4月9日 第1刷発行

著 者 いろはママ
発行者 日高裕明
発行所 ハート出版
〒171-0014 東京都豊島区池袋3-9-23
TEL03-3590-6077 FAX03-3590-6078

ISBN978-4-8024-0113-5 C0011

印刷・製本／中央精版印刷 編集担当／日高 佐々木